Chants royalistes

PAR

J. D. CHAPUZOT,

LIEUTENANT DE VOLTIGEURS AU 19ᵉ RÉGᵗ DE LIGNE.

Strasbourg.

Imprimerie de Mᵐᵉ Vᵉ Silbermann, place St-Thomas.

1825.

C.

COUPLETS
A L'OCCASION DU SACRE DE SA MAJESTÉ.

Hommage au Roi.

(29 mai 1825).

Air : De la romance de Bélisaire.

Guerriers couronnez vos drapeaux !
Pontife apprête l'huile sainte !
Que du saint Parvis, tes échos
D'hymnes pieux frappent l'enceinte,
O Reims ! sur un Roi révéré,
Quand s'épand l'auguste mystère,
Tu répètes ce cri sacré :
Gloire aux cieux et paix à la terre !

De l'antique branche des lys,
Pour raviver la noble tige,
Le Dieu qui, jadis à Clovis,
Se révéla par un prodige,
Consacrant au fils, à son tour,
Les droits qu'il départit au père,
Souffle à son cœur ce chant d'amour,
Gloire aux cieux et paix à la terre !

Sur le trône assis, aujourd'hui
Devant l'Éternel, CHARLES jure
D'être, de son peuple l'appui,
L'effroi du traître et du parjure!...
De soutenir les droits des Rois!...
De rendre son règne prospère!...
Enfin d'assurer, par ses lois,
Gloire aux cieux et paix à la terre!

Dans vos fastes, Français heureux!
Ce jour, à jamais mémorable,
Resplendira chez vos neveux,
D'un éclat solide et durable;
Du destin vingt ans en courroux,
Il radoucit le front sévère,
Et beau d'espoir, il dit à tous,
Gloire aux cieux et paix à la terre!

COUPLETS
POUR LA SAINT - CHARLES.

Hommage à Sa Majesté.

(4 novembre 1824).

AIR : Ce jour-là, sous son ombrage.

MA Muse, votre paresse,
En ce moment, doit céder
A la commune allégresse
Qu'au deuil on voit succéder :
Par un refrain qu'on répète,
Remplissez nos cœurs d'émoi,
Pour célébrer la fête,
La fête d'un bon Roi.

Bien que nouveau sur le trône,
Il est ancien en bienfaits;
Lorsqu'en tous lieux on le prône
Pour les heureux qu'il a faits.
Des maux que sa main arrête,
Le pauvre n'a plus d'effroi,
Et célèbre la fête,
La fête d'un bon Roi.

A la gloire, à Dieu fidèle,
Aux dames, d'un sûr accès,
Il offre en lui le modèle
Du vrai chevalier français;
Des anciens preux qu'on regrette,
Il nous rappelle la foi....
Célébrons donc la fête,
La fête d'un bon Roi !

De son florissant royaume,
Exempt de nouvel impôt,
Le paysan, sous le chaume,
Y mettant la poule au pot,
Dans une aisance parfaite,
Fruit de mainte bonne loi,
Célébrera la fête,
La fête d'un bon Roi.

Si la trahison perfide
Voulait lancer ses poisons,
Dans sa fureur homicide,
Au Roi que nous chérissons,
Notre valeur, toujours prête,
La mettrait en désarroi,
Pour célébrer la fête,
La fête d'un bon Roi.

De ce jour plein d'allégresse,
Chers amis, je vous le dis,
Prolongeons la douce ivresse
Et buvons à CHARLES DIX;
Du temps que le sort nous prête,
Sachons égayer l'emploi,
En célébrant la fête,
La fête d'un bon Roi!

LE
VIVE LE ROI
D'UN SOLDAT.

(4 novembre 1824).

Air : Dis-moi, t'en souviens-tu ?

En vrai soldat, j'adopte le mot d'ordre
Qu'avaient nos preux pour gage de leur foi,
Et je prétends, sans vouloir en démordre,
Jusqu'à la mort crier Vive le Roi !
Pour qu'à ce cri le traître s'effarouche....
Pour déjouer ses lâches attentats,
Il ne suffit de l'avoir à la bouche,
Il faut encor l'avoir au bout du bras !

Quand, sans danger, affichant leur vaillance,
J'entends des gens crier Vive le Roi !
Qui, s'il fallait voler à sa défense,
Se rétractant, chez eux resteraient coi :
» Pour que ce cri me ravisse et me touche,
» Je leur dis, moi, voyant leur embarras,
» Il ne suffit de l'avoir à la bouche,
» Il faut encor l'avoir au bout du bras ! «

Bayard, Crillon, ces vétérans de gloire,
Le cœur rempli d'un noble et doux émoi,
Jadis n'ont su marcher à la victoire,
Qu'au cri sacré : Vive a jamais le Roi !
A leur exemple, en brûlant la cartouche,
Rappelons-nous que, pour vaincre aux combats,
Il ne suffit de l'avoir à la bouche,
Qu'il faut encor l'avoir au bout du bras !

Naguère aussi, défenseurs de la France,
Aux factieux portant la mort, l'effroi,
On vous voyait, pleins d'ardeur, de vaillance,
En les chargeant, crier Vive le Roi !
Et sous vos coups l'adversaire farouche
Disait, de vous recevant le trépas :
» Ce noble cri, quand ils l'ont à la bouche,
» Ils l'ont encor bien mieux au bout du bras ! »

LE SOLDAT MÉNESTREL.

Hommage à S. A. R. le Duc d'Angoulême.

(Janvier 1824).

Air : De la flûte à Mathurin.

Soldat, Ménestrel, tour à tour,
Je me bats ou je chante ;
Le son du luth et du tambour
Et m'anime et m'enchante ;
Faut-il marcher aux combats ?
A Louis, j'offre mon bras ;
Quand la paix recommence,
Vive le Roi ! c'est le refrain
Que je chante, en cadence,
Sur mon gai tambourin !

Lorsqu'un Bourbon, par ses exploits,
Renversant toute entrave,
Sait rendre à la pourpre des Rois,
Un prince fait esclave ;
En admirant la valeur,

L'humanité, la grandeur
Du héros de la France ;
Vive le Roi ! c'est le refrain
Que je chante, en cadence,
Sur mon gai tambourin !

Vous qui, sur ses pas généreux,
Voliez à la victoire,
Ombragez vos fronts valeureux,
Des palmes de la gloire ;
Si par vos brillans succès,
L'Espagnol goute une paix,
Fruit de votre vaillance,
Vive le Roi ! c'est le refrain
Que je chante, en cadence,
Sur mon gai tambourin !

De la royale dignité,
Méconnaissant la marque,
Vous qui, prêchant la liberté,
Enchaîniez le monarque ;
De vos discours imposteurs,
Factieux perturbateurs,
Méprisant la démence,
Vive le Roi ! c'est le refrain
Que je chante, en cadence,
Sur mon gai tambourin !

Par un Roi, que fait admirer
Son auguste prudence,
Quand chaque instant voit assurer
Le bonheur de la France;
Des qualités de Louis,
Quand nos yeux sont éblouis,
Plein de reconnaissance,
Vive le Roi ! c'est le refrain
Que je chante, en cadence,
Sur mon gai tambourin !

LE PROBLÊME
QUI N'EST PLUS A RÉSOUDRE !

Hommage à S. A. R. le Duc d'Angoulême.

(Janvier 1824).

Air : Tout comme ont fait nos pères.

Rétablir un Roi malheureux,
Au trône de ses pères,
De ses destins contraires,
Arrêter le cours désastreux,
C'est le problême
Que d'Angoulême,
A su lui-même,
Par sa prudence extrême,
Et ses invincibles exploits,
Résoudre dans moins de six mois,
En faisant fuir l'anarchie aux abois,
Devant les lys prospères,
Comme l'ont fait ses pères ! (*bis*).

Vains obstacles pour le héros !
Il sait réduire en poudre,
Les frappant de la foudre
Les Cadix... les Trocadéros !

Par sa vaillance,
Sa vigilance,
Chacun, en France,
Fut convaincu d'avance,
Qu'à l'exemple du Béarnais,
Ce Prince, idole des Français,
Réunirait la victoire et la paix,
Sous les blanches bannières,
Comme l'ont fait ses pères! (*bis*).

Quel doux espoir pour l'avenir
Me charme et m'extasie!
O ma chère patrie!
Quel sort brillant doit t'advenir,
Quand ceint lui-même
Du diadême,
Au rang suprême,
L'on verra d'Angoulême
S'attirant notre amour, nos vœux,
Prouver à nos derniers neveux,
Que les Français seront toujours heureux,
Sous leurs Rois tutélaires,
Comme l'étaient leurs pères! (*bis*).

STANCES

SUR LA NAISSANCE DE Mgr. LE DUC DE BORDEAUX.

(29 septembre 1820).

Il est donc né ce Lys éblouissant,
L'unique espoir de notre belle France !
O mon pays ! que ta reconnaissance
Égale un bonheur aussi grand !

O mon pays, ta destinée
D'un noble éclat va briller désormais ;
Et de nos Rois, cette tige émanée,
Te garantit le bonheur et la paix !

Si l'aquilon de son souffle perfide,
Dans son jeune âge aspire à le glacer,
Que nos bras lui servent d'égide,
Et notre sang à l'arroser !

L'arc-en-ciel, après un orage,
Du beau tems prédit le retour ;
Ce jeune Lys est le présage
Qui nous promet plus beau jour !

Français, jurons d'être fidèles
A ce brillant et sacré rejeton !...
Heureux enfant, noble fils d'un Bourbon,
Henri quatre et Louis deviendront tes modèles.

BUVONS A SA SANTÉ.

CHANSON POUR LA SAINT - LOUIS.

(25 août 1818).

Air: De la partie carrée.

De notre Roi, c'est aujourd'hui la fête,
Amis gaîment il la faut célébrer;
Qu'aucun obstacle, ici ne nous arrête,
D'un doux plaisir laissons nous enivrer!
Chanter Louis! quelle vive allégresse!
Par ce sujet, je me sens transporté!
Pour témoigner au Roi notre tendresse,
Buvons à sa santé, buvons à sa santé!

Si pour un Roi que la France révère,
Il me fallait et combattre et mourir?...
Comme un bon fils doit deffendre son père,
Droit au danger l'on me verrait courir;
Quand de ses lois la sagesse sublime,
Sait assurer notre félicité,
Pour bien fêter ce Roi si magnanime,
Buvons à sa santé. (*bis*).

Aimer Louis, les Princes, la patrie,
Et sans pitié, terrasser les abus;
Combattre encor pour toi, France chérie !
Tes ennemis, par nous cent fois vaincus;
Tels sont les vœux, que tout franc militaire
Offre, en bouquet, à ce Roi respecté;
Pour célébrer une fête aussi chère,
Buvons à sa santé ! (*bis*).

Appréciant la bonté du Monarque,
Qui ne prêche que l'union... l'oubli...
Que ses sujets en donnent une marque,
En abjurant tout esprit de parti;
Que les Français, sous la même bannière,
Foulant aux pieds toute animosité,
Puissent, entr'eux, sous ce Roi tutélaire,
Tous boire à sa santé, tous boire à sa santé !

www.ingramcontent.com/pod-product-compliance
Lightning Source LLC
Chambersburg PA
CBHW071444060426
42450CB00009BA/2299